DARGAUD

Scénario :
Carson VAN OSTEN

Adaptation française :
Géraldine REININGER

Illustration :
Mario CORTES
Marco GHIGLIONE
Stefano ATTARDI
Dario CALABRIA

Couleur :
Andrea CAGOL
Massimo ROCCA

Lettrage :
Martine SEGARD

ISBN 2-908803-64-X
ISSN 1152-0043

Dépot légal novembre 2002

Imprimé en France par PPO Graphic - 93500 Pantin - Septembre 2002

CERTAINES NUITS, LA VOÛTE ÉTHÉRÉE EST AUSSI CALME ET PAISIBLE QU'UN ÉTANG SUR LA PLANÈTE PELSINOR. MAIS IL FUT UN TEMPS OÙ MÊME LA NUIT LA PLUS CALME CÉDAIT LE PASSAGE À L'IMPRÉVU. AUX PIRATES ! DONT LE PLUS REDOUTÉ ET TRISTEMENT CÉLÈBRE CAPITAINE NATHANIEL FLINT.
K-BOOM!
BOOM!
FLINT ET SA BANDE DE HORS-LA-LOI SURGIRENT ALORS MYSTÉRIEUSEMENT DE NULLE PART POUR FAIRE UNE RAZZIA...
CRASH!
BOOM!
BANG!
PUIS, RASSEMBLANT LEURS RAPINES... ILS S'ÉVANOUIRENT SANS LAISSER DE TRACE. ET CELA FAIT CENT ANS QU'ON RACONTE L'HISTOIRE DU TRÉSOR DE FLINT...
HA ! HA ! HA !
... DISSIMULÉ QUELQUE PART AUX CONFINS DE LA GALAXIE, REGORGEANT DE RICHESSES DÉFIANT L'IMAGINATION, LE TRÉSOR DE MILLE UNIVERS... LA PLANÈTE AU TRÉSOR !

MON ENFANCE SUR LA PLANÈTE MINIÈRE DE MONTRESSOR FUT NOURRIE DE CES LÉGENDES. PLUS D'UNE NUIT, JE M'ENDORMIS AVEC DES IMAGES MERVEILLEUSES DU TRÉSOR DE FLINT QUI DANSAIENT DANS MA TÊTE...
... PUIS J'EUS QUINZE ANS...
YAHOUUU !
RROARR!
VRROOOOOM!
AUSSI EFFRAYANT QUE CE SOIT D'AFFRONTER À NOUVEAU LA POLICE, IL Y A PIRE ... MA MÈRE !
SUPER !
A NOUS... QUATRE SPHÉROÏDES À BASE DE POUDRE, DEUX ÉCLIPSES DE LUNE, ET UN BOL DE VERS KIRÉLIANS EN GELÉE POUR CE GRAND GARÇON...
HORRIBLE !
DÉSOLÉE, DELBERT. DEPUIS CE MATIN, C'EST UNE VRAIE MAISON DE FOUS ICI !
ÇA IRA, SARAH. AH !... MON CONSOMMÉ ALPONIAN. MIAM !

SALUT... QUE VEUX-TU, PETITE CURIEUSE ? OÙ SONT TES PARENTS ?

QU'AS-TU ? LE CHAT T'AURAIT-IL MANGÉ LA...

... EEEHHH !
ZAP!

ILS SONT ADORABLES À CET ÂGE-LÀ !
AH OUI ! DÉPLORABLES... ADORABLES ! A PROPOS, COMMENT VA JIM ?

BEAUCOUP MIEUX. APRÈS UN DÉBUT D'ANNÉE ASSEZ DIFFICILE, JE CROIS BIEN QU'IL PREND UN NOUVEAU DÉPART !

MME HAWKINS ?

JIM !?
UN NOUVEAU DÉPART ?... HUM !

A LA SUITE DE VIOLATIONS RÉPÉTÉES DE LA LOI 15C, ON A MIS SON VÉHICULE EN FOURRIÈRE. LA PROCHAINE FOIS, CE SERA UN ALLER SIMPLE POUR LE CENTRE DE REDRESSEMENT.

MERCI, MESSIEURS. CELA NE SE REPRODUIRA PLUS !

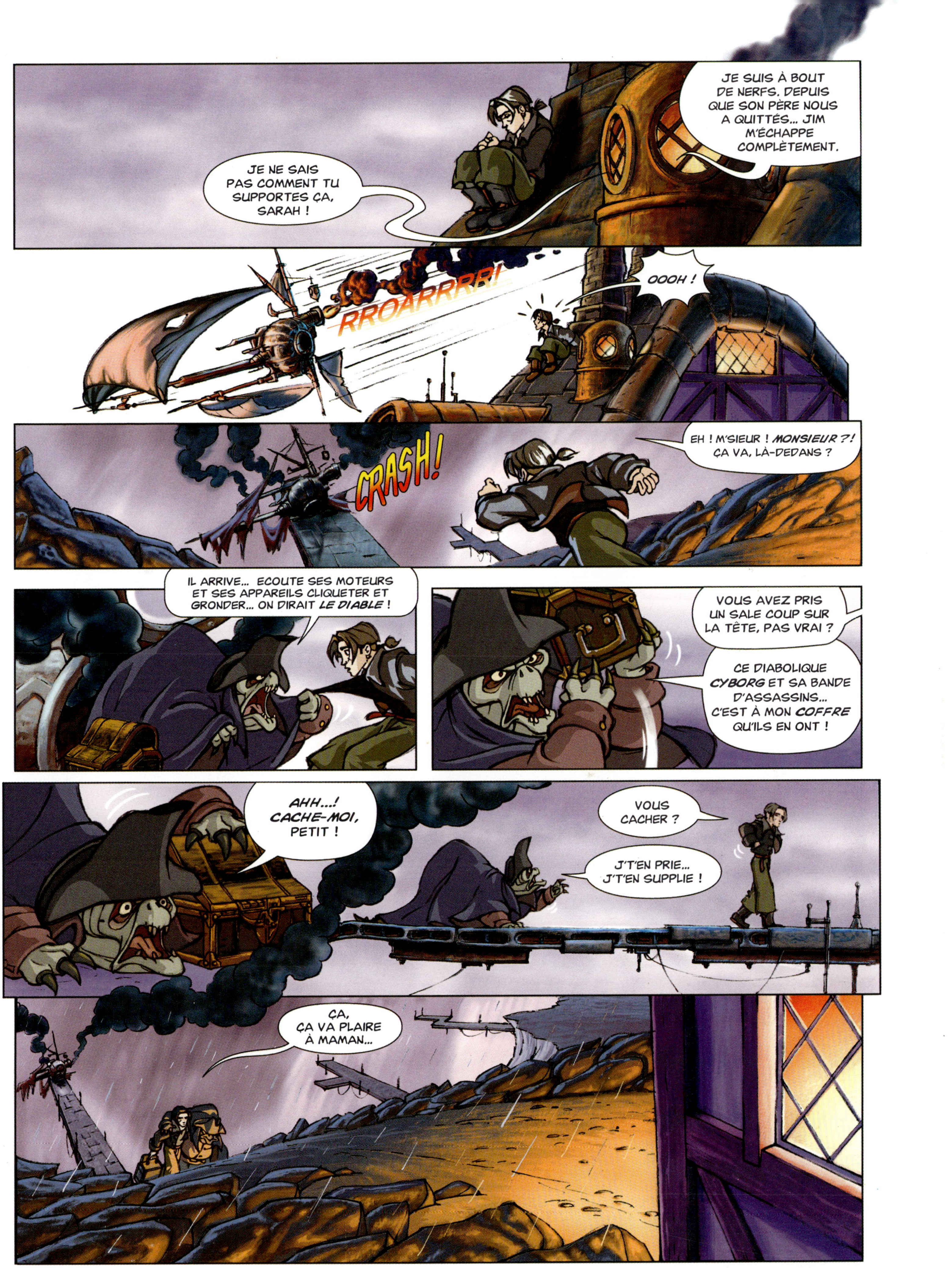

JE SUIS À BOUT DE NERFS. DEPUIS QUE SON PÈRE NOUS A QUITTÉS... JIM M'ÉCHAPPE COMPLÈTEMENT.

JE NE SAIS PAS COMMENT TU SUPPORTES ÇA, SARAH !

RROARRRRR!

OOOH !

CRASH!

EH ! M'SIEUR ! *MONSIEUR ?!* ÇA VA, LÀ-DEDANS ?

IL ARRIVE... ECOUTE SES MOTEURS ET SES APPAREILS CLIQUETER ET GRONDER... ON DIRAIT *LE DIABLE* !

VOUS AVEZ PRIS UN SALE COUP SUR LA TÊTE, PAS VRAI ?

CE DIABOLIQUE *CYBORG* ET SA BANDE D'ASSASSINS... C'EST À MON *COFFRE* QU'ILS EN ONT !

MERCI DE M'AVOIR ÉCOUTÉE, DELBERT. ÇA FAIT DU BIEN...
ÇA IRA, TU VERRAS !

JE RÊVE SOUVENT QUE J'OUVRE LA PORTE ET QU'IL EST LÀ... COMME AVANT... ENFANT... TOUT HEUREUX... AVEC UN ANIMAL DANS LES BRAS QU'IL ME SUPPLIE DE GARDER À LA MAISON.

HUM... DANS LE RÊVE, EST-CE QUE L'ANIMAL EST *MORT* ?

IL EST BLESSÉ, M'MAN... C'EST *GRAVE* !
PRENDS MON COFFRE, P'TIT GARS...

IL VA ARRIVER... J'VEUX PAS QU'IL LE TROUVE...
DE *QUI* PARLEZ-VOUS ?

DU CYBORG ! PRENDS GARDE AU *CYBORG* !

RUMBLE
RUMBLE
?
?

VITE ! PARTONS !
KERRASH!
JE CROIS QUE JE SUIS AVEC JIM, SUR CE COUP-LÀ !

OÙ EST-IL ?
FOUILLEZ ! RETOURNEZ TOUT !
RE-TROUVEZ-LE !
HO ! DELILAH ! NE BOUGE PAS !
N'AIE PAS PEUR, SARAH, JE SUIS SPÉCIALISTE EN SCIENCES PHYSIQUES !
NON, NON... JE NE PEUX PAS ! OOOH !
HUE ! DELILAH, AVANCE !
PLUS TARD, À L'OBSERVATOIRE DU DOCTEUR DOPPLER.
JE VIENS DE PARLER AVEC LE COMMISSAIRE. CES MAUDITS PIRATES SE SONT ENFUIS SANS LAISSER DE TRACES. HÉLAS, APRÈS AVOIR COMPLÈTEMENT DÉTRUIT PAR LE FEU CETTE BONNE VIEILLE AUBERGE BENBOW.
HUM... ÉTRANGE PETITE SPHÈRE ! ATTIRERAIT-ELLE LES ENNUIS ? CES MARQUES ME LAISSENT PERPLEXE. IL FAUDRAIT DES ANNÉES AUX MEILLEURS SPÉCIALISTES POUR DÉCRYPTER CES... EH !
HUMMM...
HUMMM...
HUMMM...
BZZZZT !
OOOH... ON DIRAIT UNE ESPÈCE DE CARTE ! ATTENDEZ ! OUI, C'EST NOUS: LA PLANÈTE MONTRESSOR !

ICI, C'EST LA CROIX DE CYGNUS... ET LÀ, L'ABYSSE DE CALYAN... ATTENDEZ... ET ÇA ? MAIS... C'EST...
... LA PLANÈTE AU TRÉSOR !
LE TRÉSOR DE FLINT ? LE TRÉSOR DE MILLE UNIVERS ! SAIS-TU CE QUE ÇA SIGNIFIE ?
OUI, QUE CE TRÉSOR EST TOUT JUSTE À PORTÉE DE... BATEAU !
CELUI QUI LE RAPPORTERA SE RETROUVERA AU PANTHÉON DES EXPLORATEURS... QU-QUE SE PASSE-T-IL ?
ZZZZZIP!
JE PARS À LA RECHERCHE DU TRÉSOR
AVEC CES FOUS FURIEUX QUI TRAÎNENT DANS LE COIN ET QUI ONT BRÛLÉ NOTRE MAISON ? PAS QUESTION !
M'MAN ! AVEC CE TRÉSOR, ON POURRA RECONS-TRUIRE CENT AUTRES BENBOW !
MAIS... S'IL TE PLAÎT, DELBERT, DIS-LE-LUI, TOI, QUE C'EST COMPLÈTEMENT RIDICULE !
ABSOLUMENT ! C'EST ABSURDE DE TRAVERSER, TOUT SEUL, LA GALAXIE ! JE T'ACCOMPAGNE !
DELBERT !
QUOI ?!
JE FINANCERAI L'EXPÉDITION AVEC MES ÉCONOMIES ! JE VAIS ARMER UN VAISSEAU, ENGAGER UN CAPITAINE ET UN ÉQUIPAGE...
ECOUTE, M'MAN, ... POUR MOI, C'EST UNE CHANCE FORMIDABLE DE PROUVER QUE JE NE SUIS PAS UN RATÉ !
SARAH... SARAH, TU PERMETS ?
TU DIS TOI-MÊME QUE TU AS TOUT ESSAYÉ... RIEN NE VAUT QUELQUES MOIS DANS L'ESPACE POUR FORMER LE CARACTÈRE !
JIM... J'AI PEUR DE TE PERDRE !
NE T'EN FAIS PAS, M'MAN !

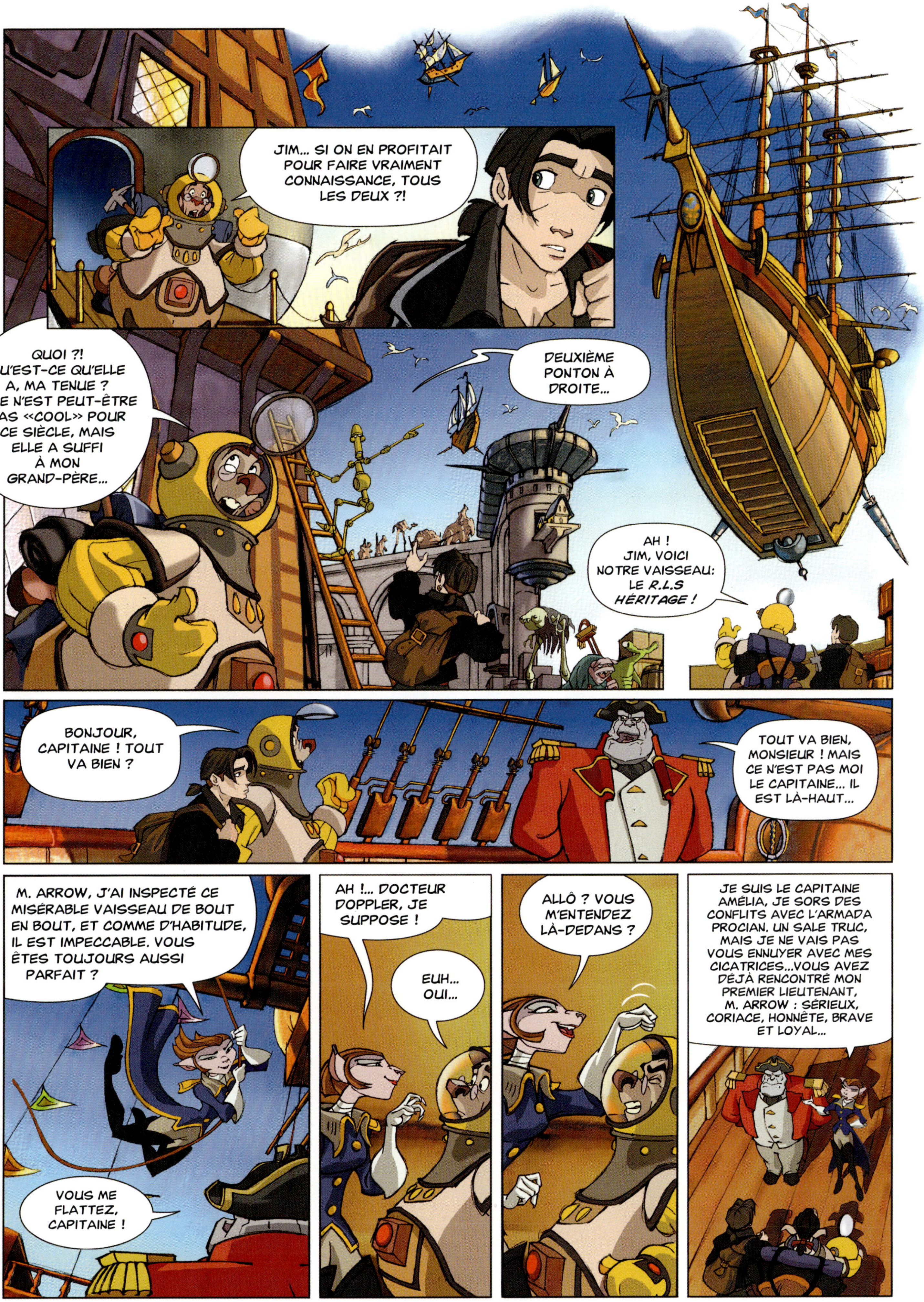

JIM... SI ON EN PROFITAIT POUR FAIRE VRAIMENT CONNAISSANCE, TOUS LES DEUX ?!

QUOI ?! QU'EST-CE QU'ELLE A, MA TENUE ? ELLE N'EST PEUT-ÊTRE PAS «COOL» POUR CE SIÈCLE, MAIS ELLE A SUFFI À MON GRAND-PÈRE...

DEUXIÈME PONTON À DROITE...

AH ! JIM, VOICI NOTRE VAISSEAU: LE *R.L.S HÉRITAGE* !

CAPI-
TAINE...
TAISEZ-VOUS, ARROW ! VOUS SAVEZ BIEN QUE JE N'EN PENSE PAS UN MOT !
EXCUSEZ-MOI... PUIS-JE VOUS PRÉSENTER JIM HAWKINS ? C'EST LE GARÇON QUI A TROUVÉ LA CARTE DU TRÉ...
MMMPF !
JE VOUS EN PRIE, DOCTEUR ! VOULEZ-VOUS BIEN ME SUIVRE, VOUS ET LE... *JEUNE GARÇON...* J'AI À VOUS PARLER.
DOCTEUR, PARLER D'UNE CARTE DE TRÉSOR, TOUT *PARTICULIÈREMENT* DEVANT *CET* ÉQUIPAGE, FRÔLE LA STUPIDITÉ. ET ENCORE, JE SUIS GENTILLE !
VOUS AVEZ DIT... *STUPIDITÉ ?*
MR HAWKINS, À L'AVENIR, POUR VOUS ADRESSER À MOI, VOUS DIREZ *CAPITAINE* OU *MADAME*. EST-CE CLAIR ?
PUIS-JE VOIR CETTE CARTE, S'IL VOUS PLAÎT ?
TENEZ...
OUI, *M'DAME !*
MESSIEURS, CECI RESTERA SOUS CLÉ TANT QU'ON N'EN AURA PAS BESOIN. ET, DOCTEUR, AVEC MON RESPECT, JE VOUS PRIE DE *FERMER VOTRE MOULIN À PAROLES.*
CAPITAINE, TOUT DE MÊME...
BON, JE TÂCHERAI D'ÊTRE BRÈVE. JE N'AIME GUÈRE L'ÉQUIPAGE QUE VOUS AVEZ ENGAGÉ. C'EST UN... COMMENT LE DÉCRIRE, M. ARROW ?
UN RAMASSIS D'AFFREUX VAURIENS, M'DAME !
MAIS ENFIN...

M. ARROW, VEUILLEZ ESCORTER CES DEUX NÉOPHYTES À LA CUISINE. LE JEUNE HAWKINS TRAVAILLERA AVEC M. SILVER, LE CUISINIER !
QUOI ? LE CUISINIER ?
M. SILVER ?
AH ! M. ARROW M'AMÈNE DES GENS DISTINGUÉS... QUEL HONNEUR POUR MON HUMBLE CUISINE !
SI J'AVAIS SU, J'AURAIS RENTRÉ MA CHEMISE DANS MON PANTALON !
UN CYBORG !
JE VOUS PRÉSENTE LE DOCTEUR DOPPLER, QUI FINANCE NOTRE VOYAGE !
AH... MERCI. EUH... PERMETTEZ-MOI DE VOUS PRÉSENTER JIM... JIM HAWKINS.
J'ADORE VOTRE TENUE, DOC !
JIMBO ! NE TE LAISSE PAS IMPRESSIONNER PAR MON OUTILLAGE !
BIZZZZITT!
CLICK!
CHOP
CHOP!
CHOP
CLA-CLACK!
J'AI EU BIEN DU MAL À M'HABITUER À CES APPAREILS, MAIS ILS ME SONT ENCORE BIEN UTILES, PARFOIS !
CRACK
CRACK
CRACK
FLOOP!

GOÛTEZ DONC MON FAMEUX RAGOÛT BONZABÊTA ! UNE VIEILLE RECETTE DE FAMILLE !
HMMM... DÉLICIEUSEMENT ACIDE... UN PEU FORT !
OH !... *LUI*... IL FAIT PARTIE DE LA FAMILLE.
ARGH !
JE PLAISANTAIS, DOC. JE SUIS UN GRAND BLAGUEUR !
CONTINUE, JIMBO ! BOIS UN BON COUP !
MORPH ! ALORS, MON PETIT FEU FOLLET ! VOILÀ DONC OÙ TU TE CACHAIS !
SLURP!
C-C'EST QUOI, *ÇA ?*
C'EST QUOI, *ÇA ?*
UN *MORPH !* UN PETIT ÊTRE QUI SE TRANSFORME TOUT LE TEMPS ! IL VIENT DE PROTÉUS UN, OÙ JE L 'AI SAUVÉ. DEPUIS, ON NE SE QUITTE PLUS... PAS VRAI ?
NOUS ALLONS BIENTÔT DÉMARRER. VOULEZ-VOUS ASSISTER AU DÉPART, DOCTEUR ?
SI JE VEUX ?!! LES *NUCLÉI GALACTIQUES ACTIFS* N'ONT-ILS PAS DES RÉACTEURS SUPRALUMINAUX ?

M. HAWKINS RESTERA ICI, SOUS *VOTRE* RESPONSABILITÉ, M.. SILVER.
QUOI ?!

JE VOUS DEMANDE PARDON, LIEUTENANT, MAIS... EUH...
PFF... DEPUIS QUAND UN HUMBLE CYBORG DISCUTE-T-IL LES ORDRES DU CAPITAINE ?
VOUS SAVEZ... CES POURPRES SONT UN PEU COMME CEUX QU'ON A CHEZ NOUS... SUR *MONTRESSOR*. Y ÊTES-VOUS DÉJÀ ALLÉ ?
J'PEUX PAS VRAIMENT DIRE, JIMBO !
JUSTE AVANT DE PARTIR, J'AI RENCONTRÉ UN VIEILLARD QUI CHERCHAIT UN COPAIN À LUI, UN *CYBORG*...
VRAIMENT ?
OUI... UNE VIEILLE SALAMANDRE. COMMENT S'APPELAIT-IL, DÉJÀ ? ***BONES... BILLY BONES.***
BONES... ? ÇA NE ME DIT RIEN. UN CYBORG D'UNE AUTRE ESPÈCE, SANS DOUTE !
ORDRES DU CAPITAINE. ARRANGEZ-VOUS POUR QUE LE NOUVEAU GARÇON DE CABINE NE RESTE PAS INOCCUPÉ !
PRÊTS À LARGUER LES AMARRES !
SI TU VEUX, VA VOIR LE DÉPART, P'TIT GARS. MAIS APRÈS, J'AI DU BOULOT POUR TOI !
VA FALLOIR L'AVOIR À L'ŒIL, PAS VRAI, MORPH ?
FAUDRAIT PAS QU'IL FOURRE SON NEZ LÀ OÙ IL NE FAUT PAS...

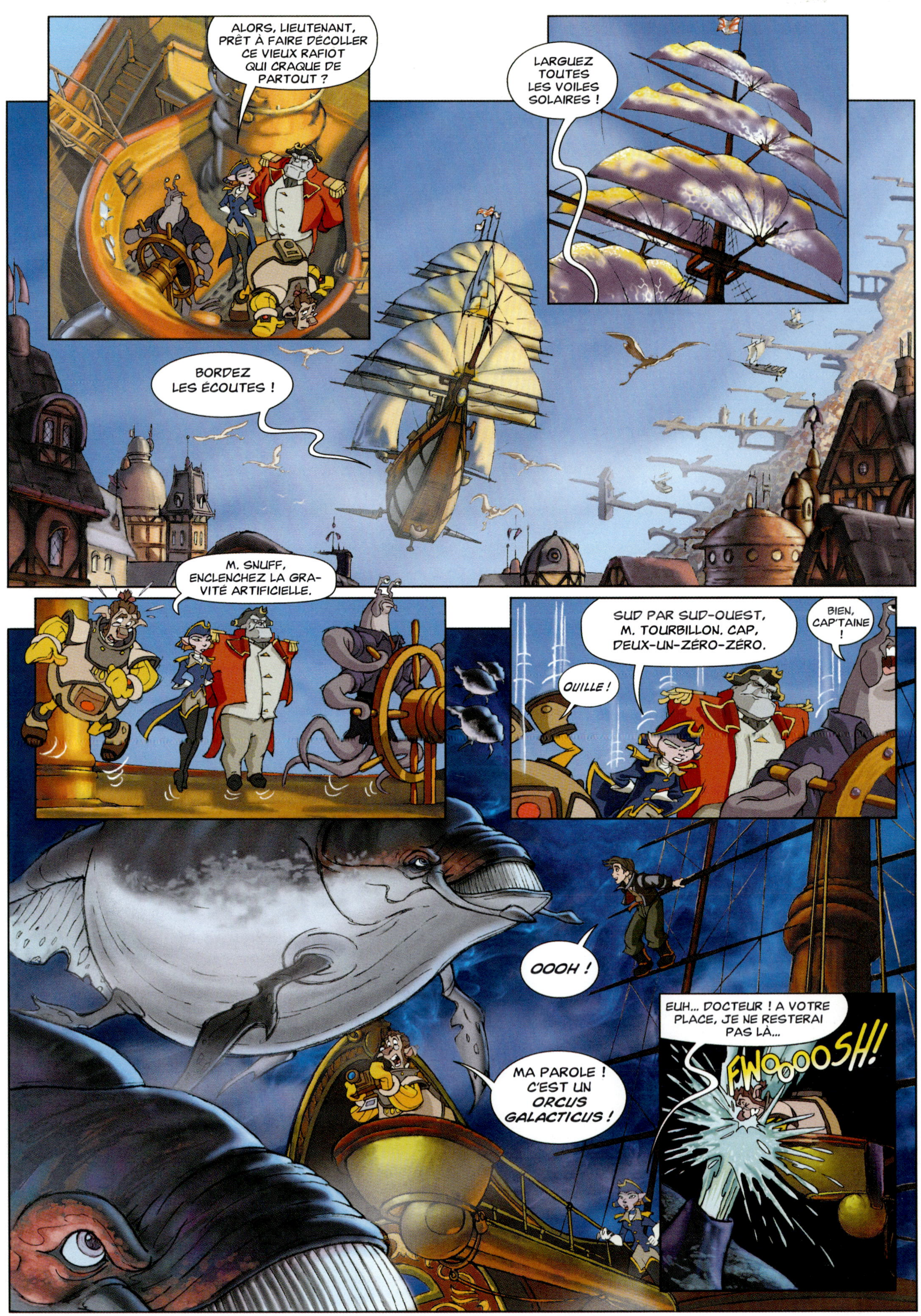
ALORS, LIEUTENANT, PRÊT À FAIRE DÉCOLLER CE VIEUX RAFIOT QUI CRAQUE DE PARTOUT ?
LARGUEZ TOUTES LES VOILES SOLAIRES !
BORDEZ LES ÉCOUTES !
M. SNUFF, ENCLENCHEZ LA GRAVITÉ ARTIFICIELLE.
SUD PAR SUD-OUEST, M. TOURBILLON. CAP, DEUX-UN-ZÉRO-ZÉRO.
BIEN, CAP'TAINE !
OUILLE !
OOOH !
MA PAROLE ! C'EST UN ORCUS GALACTICUS !
EUH... DOCTEUR ! A VOTRE PLACE, JE NE RESTERAI PAS LÀ...
FWOOOOSH!

EN AVANT TOUTE ! L'ÉQUIPAGE S'INSTALLE DANS SA PETITE ROUTINE DE VOYAGE SPATIAL...
JIMBO ! J'AI DEUX GRANDS AMIS À TE PRÉSENTER... M. BALAI ET MME SEAU !
...SUPER !
PFF... J'M'EN MOQUE D'SON BALAI !
QU'EST-CE QUE TU REGARDES, LE PHÉNOMÈNE ?
OUAIS... PHÉNOMÈNE !
FAUT APPRENDRE AUX GARÇONS DE CABINE À SE MÊLER DE LEURS OIGNONS...
POURQUOI ? TU AS QUELQUE CHOSE À CACHER, YEUX DE BRAISE ?
ESPÈCE DE SALE PETIT...
AS-TU QUELQUE CHOSE À AJOUTER, GARÇON DE CABINE ?
OUAIS ! DÉCOUPE-LE EN RONDELLES !
CLANK !
M. SCROOP, AVEZ-VOUS DÉJÀ VU CE QUE DEVIENT UN POURPRE QUAND ON LE PRESSE TRÈS FORT ?
ARGH !
QU'EST-CE QUI SE PASSE, ICI ?

VOUS CONNAISSEZ LE RÈGLEMENT. PAS DE BAGARRES À BORD DU VAISSEAU !
TOUT CONTREVENANT TERMINERA LE VOYAGE EN CELLULE À FOND DE CALE. EST-CE CLAIR, M. SCROOP ?
LIMPIDE !
JIMBO, JE T'AI DONNÉ UN BOULOT. QUE LE CIEL TE PROTÈGE SI CE N'EST PAS FAIT À MON RETOUR !
MORPH, GARDE UN OEIL SUR CE MÔME ET PRÉVIENS-MOI S'IL SE LAISSE ENCORE DISTRAIRE !
A PRÉSENT, MESSIEURS... VEUILLEZ PARDONNER MON FRANC-PARLER, MAIS... ÊTES-VOUS TOUS COMPLÈTEMENT TARÉS ?!!
APRÈS TOUT CE QUE J'AI DÛ MAGOUILLER POUR NOUS FAIRE EMBAUCHER COMME ÉQUIPAGE HONNÊTE... VOUS VOULEZ GÂCHER LA MUTINERIE AVANT QU'ELLE NE DÉMARRE ?!
LE GAMIN NOUS TOURNAIT AUTOUR...
TENEZ-VOUS-EN AU PLAN, CERVELLES DE MOINEAUX ! JE M'OCCUPE DE LUI !
EH BIEN, LE CIEL FAIT DE PETITS MIRACLES ! LE PONT EST ENCORE ENTIER !

EUH... MERCI... POUR CE QUE VOUS AVEZ FAIT !
TON PAPA NE T'A JAMAIS APPRIS À ÉVITER LES ENNUIS ?
NON... IL N'EN A PAS EU LE TEMPS !
AHH... PARDON, PETIT.
JE N'AI PAS BESOIN DE LUI. JE N'AI BESOIN DE PERSONNE.
AH BON ? EH BIEN... PUISQUE TU ES SOUS MA RESPONSABILITÉ, JE VAIS ESSAYER DE T'ENFONCER QUELQUES NOTIONS TECHNIQUES DANS LE CRÂNE !
ET TÂCHE DE FAIRE UN EFFORT !
FAIS BIEN ATTENTION. TU PRENDS CE BOUT, LÀ, TU L'ENROULES AUTOUR, DEUX FOIS, ET TU TIRES UN BON COUP.

A PRÉSENT, JIMBO, FAIS-LA DESCENDRE !
ET MAINTENANT ... PRENDS LA BARRE, JIM.
APRÈS AVOIR RAMENÉ LA CHALOUPE À BORD DU VAISSEAU HÉRITAGE...
AH ! JIMBO... SI J'AVAIS SU MANŒUVRER UN BATEAU COMME ÇA À TON ÂGE, ON ME SALUERAIT BIEN BAS AUJOURD'HUI !
ON NE CHANTAIT PAS FRANCHEMENT MES LOUANGES QUAND J'AI QUITTÉ MA VILLE... MAIS ÇA VA CHANGER !
AH BON ? COMMENT ÇA ?
DISONS JUSTE QUE... J'AI DES PROJETS QUI FORCERONT LES GENS À ME REGARDER AUTREMENT !
ATTENTION ! PARFOIS, LES PLANS TOMBENT À L'EAU.
COMMENT ? ÇA VOUS EST ARRIVÉ ?
ON RENONCE À CERTAINS TRUCS... EN POURSUIVANT UN RÊVE !
EST-CE QUE ÇA EN VALAIT LA PEINE ?
JE L'ESPÈRE, JIMBO... DE TOUT MON CŒUR !

JUSTE CIEL ! L'ÉTOILE PELLUCID ! ELLE DEVIENT UNE SUPERNOVA !
PARÉ À L'ÉVITER, M. TOURBILLON !
A VOS ORDRES, CAP'TAINE !
QUE TOUT LE MONDE S'ATTACHE AUX CORDES DE SÉCURITÉ !
AMENEZ TOUTES LES VOILES ! CARGUEZ-LES, LES GARS !
BAM !
SILVER !
JIM TIRE COURAGEUSEMENT SILVER À L'ABRI !
MERCI, PETIT !
L'ÉTOILE ! ELLE EST ASPIRÉE DANS... UN TROU NOIR !
JE NE MAÎTRISE PLUS LA BARRE, CAP'TAINE !
OUI, JE VOIS ÇA !
MAUDITES ONDES ! ELLES SONT IMPOSSIBLES À PRÉVOIR !
SI, CAP'TAINE ! ON PEUT ! IL Y EN AURA UNE AUTRE DANS 47,2 SECONDES, PUIS UNE DEUXIÈME, LA PLUS SUPERMÉGA DE TOUTES !
BRAVO, DOCTEUR ! ALORS NOUS SORTIRONS D'ICI... À CHEVAL SUR CETTE SUPERMÉGA !
VOILES CARGUÉES, CAP'TAINE !

BIEN, LIEUTENANT ! DÉFERLEZ-LES IMMÉDIATEMENT !
VOUS ENTENDEZ ? REDÉFERLEZ LES VOILES !
MAIS ON VIENT JUSTE...
DE LES CARGUER !
M. HAWKINS ! ASSUREZ-VOUS QUE TOUTES LES CORDES DE SÉCURITÉ SONT SOLIDEMENT AMARRÉES !
A VOS ORDRES, CAP'TAINE !
JIM ATTAQUE CETTE ÉNORME TÂCHE COMME UN VIEUX LOUP DE MER...
CORDES DE SÉCURITÉ BIEN AMARRÉES, CAP'TAINE !
YAH !
VAVOOOM !
ARGH !
SLASH !
AAAAA-AAAHHHH !
CAPITAINE ! LA DERNIÈRE ONDE ARRIVE !
ACCROCHEZ-VOUS FERME À VOS CORDES, LES GARS ! ÇA VA SECOUER TERRIBLE !

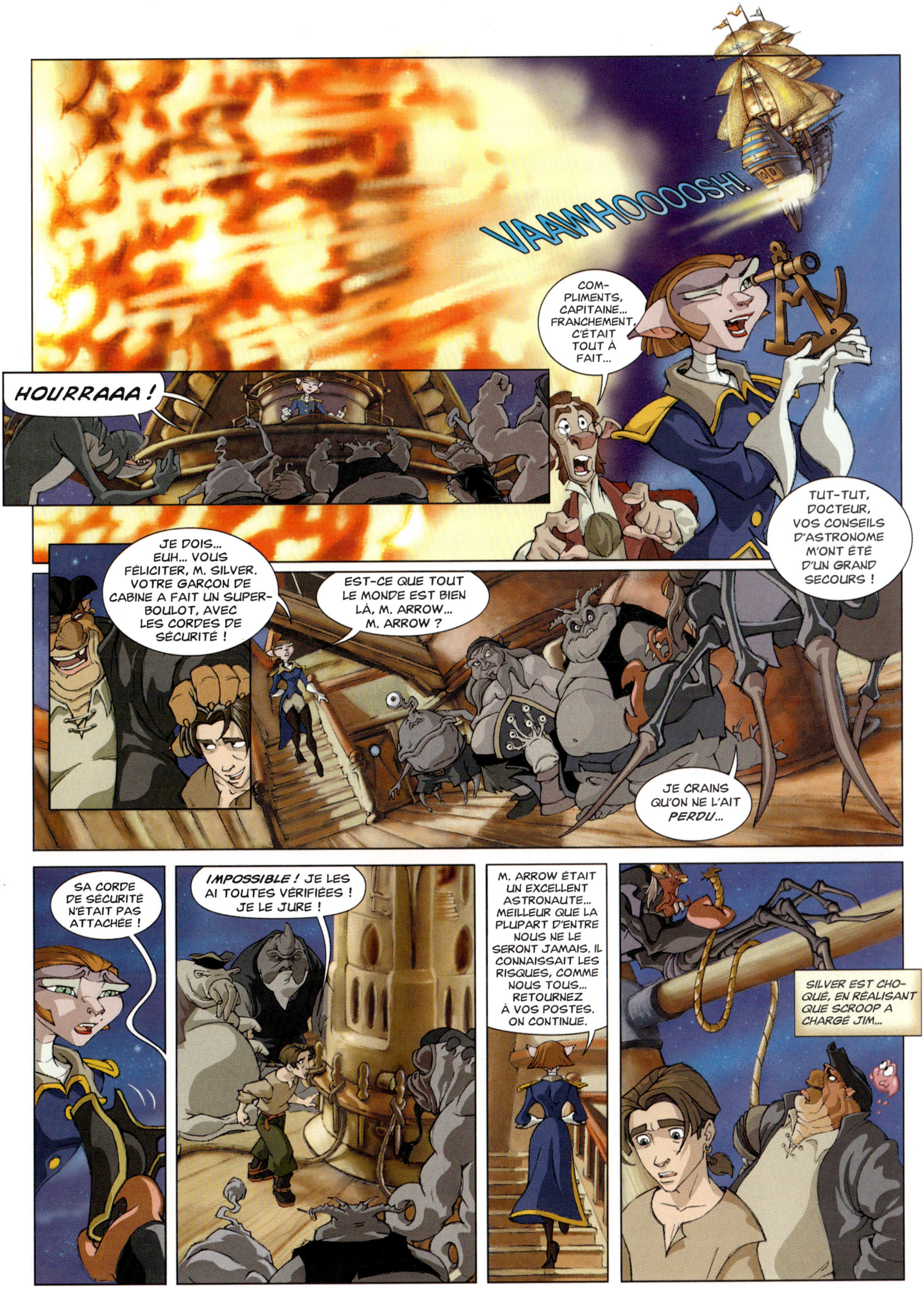

VAAWHOOOOSH!

COM-PLIMENTS, CAPITAINE... FRANCHEMENT, C'ÉTAIT TOUT À FAIT...

HOURRAAA !

TUT-TUT, DOCTEUR, VOS CONSEILS D'ASTRONOME M'ONT ÉTÉ D'UN GRAND SECOURS !

JE DOIS... EUH... VOUS FÉLICITER, M. SILVER. VOTRE GARÇON DE CABINE A FAIT UN SUPER-BOULOT, AVEC LES CORDES DE SÉCURITÉ !

EST-CE QUE TOUT LE MONDE EST BIEN LÀ, M. ARROW... M. ARROW ?

JE CRAINS QU'ON NE L'AIT *PERDU*...

CE N'ÉTAIT PAS TA FAUTE. TES NOEUDS ÉTAIENT PARFAITS, JIM ! ET, SANS TOI, LA MOITIÉ DE L'ÉQUIPAGE AURAIT ÉTÉ ENGLOUTI DANS L'ABYSSE !
NE COMPRENEZ-VOUS DONC PAS ? PENDANT DEUX SECONDES, JE ME SUIS CRU CAPABLE DE FAIRE QUELQUE CHOSE DE BIEN ! MAIS... BAH !
ECOUTE-MOI BIEN, JIM HAWKINS ! TU AS EN TOI LA CAPACITÉ DE FAIRE DE GRANDES CHOSES ! A TOI DE TRACER TA VOIE ET DE T'Y TENIR. QUAND VIENDRA L'HEURE DE MONTRER DE QUOI TU ES CAPABLE, EH BIEN... J'ESPÈRE QUE JE SERAI LÀ !
LÀ, MON GARÇON... LÀ... ÇA IRA, JIMBO... DU CALME.
JIM... JE FERAIS MIEUX D'ALLER PRENDRE MON TOUR DE GARDE ET TOI, D'ALLER FAIRE UN PETIT SOMME. ALLEZ, C'EST BON...
JIM SE RÉVEILLE AVANT L'AUBE...
ARRÊTE, MORPH. CE N'EST PAS LE MOMENT !
JE TE TIENS !
AH ! TU ES CUIT !

IL N'EN RESTE PLUS QUE TROIS !
SI ON AVAIT DES OTAGES, LE CAPITAINE SERAIT EN NOTRE POUVOIR !
POUR MOI, IL FAUT TOUS LES TUER, TOUT DE SUITE !
ÇA VEUT DIRE QUOI «POUR MOI» ?! DÉSOBÉIS ENCORE UNE FOIS À MES ORDRES, COMME QUAND TU AS FAIT FAIRE LA CULBUTE À ARROW, ET JE TE JURE QUE JE T'Y ENVOIE AUSSI !
TU PARLES COMME UN DUR... QUE TU N'ES PAS !
TU AS QUELQUE CHOSE À AJOUTER, SCROOP ?
OUAIS... CE GARÇON... J'AI IDÉE QUE TU AS UN FAIBLE POUR LUI !
ECOUTEZ-MOI, VOUS TOUS... JE NE M'INTÉRESSE QU'À UNE SEULE CHOSE... LE TRÉSOR DE FLINT ! VOUS ME CROYEZ CAPABLE DE TOUT METTRE EN PÉRIL POUR UN... GAMIN QUI A ENCORE LA MORVE AU NEZ ?
C'ÉTAIT QUOI DÉJÀ...? AH OUI, «TU AS EN TOI LA CAPACITÉ DE FAIRE DE GRANDES CHOSES.»
LA FERME !
PLANÈTE EN VUE !

OUAIS ! C'EST EEEEELLE ! METTEZ-VOUS-EN PLEIN LES YEUX ET CLAQUEZ DES TALONS... ENFIN... CEUX QUI EN ONT !
JIMBO ?!... ALORS ON JOUE À CACHE-CACHE ?
OUAIS... ON JOUE À CACHE-CACHE !
JE VOIS. BEN, JE NE SUIS PAS DOUÉ POUR JOUER... J'AI TOUJOURS EU HORREUR DE PERDRE...
CLI-CLACK!
MOI AUSSI !
AAAÏE !
THUD!
HISSS-ZZZIT!
MALÉDICTION !
OÙ DIABLE AI-JE MIS MA LONGUE-VUE ?
LES GARS ! C'EST POUR TOUT DE SUITE !
NOS COULEURS M. LA LORGNETTE !
HOURRA !!!
AVEC JOIE, CAP'TAINE !

DES PIRATES SUR MON VAISSEAU ?! QU'ILS SOIENT PENDUS ! DOCTEUR, LES ARMES, VOUS CONNAISSEZ?
EUH... OUI, J'AI LU...
ENFIN, PAS TROP
BLAM!
M. HAWKINS... DÉFENDEZ-LA DE VOTRE VIE !
DONNE-MOI ÇA, MORPH !
QU'EST-CE QUE VOUS ATTENDEZ ? TIREZ !
BOOM!
LA CARTE A DISPARU ! ARRÊTEZ-LES !
KCHUNK!
AUX CHALOUPES, VITE !

MORPH...
NOOOON !
VITE, JIM !
BLAM!
BANG!
BAM!
CRACK!
BANG!
L'AVIEZ-VOUS VRAIMENT VISÉ ?
MAIS OUI, BIEN SÛR !
CRASH!
AAAAHH !
VIENS ICI, MORPH !
MORPH ! ... VIENS ICI, MON PETIT !
PAR ICI, MORPH !
MORPH !!
JE L'AI !

BANG!
BAM!
C'EST LE MOMENT!
JIM !
HYDRAULIQUES ENGAGÉS.
C'EST ÇA... PARFAIT
NE TIREZ PAS ! ON RISQUE DE PERDRE LA CARTE !
BOOM!
GARE, CAP'TAINE, BALLE LASER À MIDI !
SMASH!
AAAH !
ZOOOM!
THUMP!
SCREEECH!

LA PROCHAINE FOIS QUE JE PARLE D'AVENTURE, QU'ON ME TIRE DESSUS !
CE N'EST PAS MON ATTERRIS-SAGE... LE PLUS RÉUSSI.
CAP'TAINE ! VOUS ÊTES BLESSÉE ?
BAH, CE N'EST RIEN ! UNE TASSE DE THÉ ET JE SERAI SUR PIED !
M. HAWKINS, LA CARTE, S'IL VOUS PLAÎT ?
HEIN... C'EST TOI, MORPH ? OÙ EST LA CARTE ?
DANS LE VAISSEAU ? TU RIGOLES ?! COMMENT EST-CE QU'ON ÉTRANGLE UN PROTOPLASME ?
FAITES-LE TAIRE ET BAISSEZ-VOUS... ON A DE LA VISITE !
IL NOUS FAUT UNE POSITION PLUS DÉFENDA-BLE. M. HAWKINS... PARTEZ EN ÉCLAIREUR.
ENTENDU, CAP'TAINE !

CHUT ! J'ENTENDS DU BRUIT !

OOOOHHH ! FANTASTIQUE ! UNE FORME DE VIE À BASE DE CARBONE ! ENFIN ! TU VIENS ME SECOURIR ?

LAISSE-MOI T'EMBRASSER, TE SERRER DANS MES BRAS, TE TENIR CONTRE MOI...
BON... ÇA VA... TU ME LÂCHES, OUI ?

PARDON... JE SUIS ABANDONNÉ ICI DEPUIS SI LONGTEMPS ! ATTENTION, JE NE DÉTESTE PAS LA SOLITUDE, MAIS APRÈS UNE CENTAINE D'ANNÉES, ON DEVIENT UN PEU ZINZIN !!!

JE SUIS DÉSOLÉ... JE M'APPELLE... EUH... VOYONS...

B.E.N ! BIEN SÛR, JE M'APPELLE B.E.N :" BIO ELECTRO NAVIGATEUR" ! ET TOI... ?
JIM. PARDON, MAIS JE SUIS UN PEU PRESSÉ ! JE CHERCHE UNE CACHETTE, JE SUIS POURSUIVI PAR DES PIRATES...

DES PIRATES ?! JE NE LES AIME PAS ! JE ME SOUVIENS DU CAPITAINE FLINT ! CE TYPE AVAIT UN SALE CARACTÈRE !

ATTENDS UN PEU... TU AS CONNU LE CAPITAINE FLINT ?
A MON AVIS, IL ÉTAIT UN PEU CARACTÉRIEL. JE NE SUIS PAS THÉRAPEUTE, MAIS...

EN CE CAS... TU DOIS SAVOIR... POUR LE *TRÉSOR* !
LE TRÉSOR ? EUH... C'EST UN PEU FLOU...
ATTENDS... LE TRÉSOR... ENTERRÉ DANS LE CENTROÏDE DU MÉCANISME... IL Y AVAIT CETTE GRANDE PORTE... LE CAPITAINE FLINT VOULAIT ÊTRE SÛR QUE PERSONNE NE PUISSE RETROUVER SON TRÉSOR...
ET JE L'AI AIDÉ ! AIDÉ... JE L'AI AIDÉ... AIDÉ À... ***DONNÉES PROTÉGÉES !*** RECOMMENCEZ L'OPÉRATION...
BEN... B.E.N... !
SMACK!
ET TOI, TU ES... ?
ATTENDS, ATTENDS ! ET LE TRÉSOR !?
DISONS "LARRY"
JE REGRETTE... J'AI PERDU LA MÉMOIRE. TU N'AURAIS PAS VU PAR HASARD MON DISQUE DUR ?
J'AI SÉRIEUSEMENT BESOIN D'UNE CACHETTE, TU PIGES ? BON, JE VAIS... EUH... CONTINUER MON CHEMIN.
OH, HUM... ALORS ON SE DIT ADIEU ? DÉSOLÉ D'ÊTRE AUSSI... PEU PERFORMANT... MAIS JE COMPRENDS... AU REVOIR.
BON, VIENS AVEC NOUS... À CONDITION QUE TU CESSES DE PARLER.

SUPER ! FANTASTIQUE ! MON MEILLEUR AMI ET MOI, ON CHERCHE UNE...
ET QUE TU ARRÊTES DE ME *TRIPOTER*.
TRIPOTER ET *PARLER*... DEUX TRUCS À NE PAS FAIRE... OK, PIGÉ !
BIEN ! A PRÉSENT, IL FAUT Y ALLER...
DIS, AVANT QU'ON PARTE "CHERCHER CE QUE L'ON CHERCHE", ÇA TE GÊNE SI L'ON FAIT UN RAPIDE SAUT CHEZ MOI ?
C'EST ASSEZ URGENT !
B.E.N, JE CROIS QUE TU AS RÉSOLU MON PROBLÈME.
EXCUSEZ LE BAZAR ! EN CENT ANS J'AURAIS PU FAIRE UN PEU PLUS SOUVENT LE MÉNAGE...
AH, C'EST BEAU ! LES HISTOIRES D'AMOUR, ÇA ME BOULEVERSE. L'HEUREUX PETIT COUPLE DÉSIRE-T-IL UN VERRE ?
EUH, NON, MERCI... NOUS NE SOMMES PAS UN COUPLE !
REGARDEZ CES MARQUES... LES MÊMES QUE SUR LA CARTE ! DES VESTIGES D'UNE CULTURE ANCIENNE, JE SUPPOSE.
M. HAWKINS ! TIREZ SUR QUICONQUE APPROCHERA D'ICI.
EH, VENEZ VOIR ! ENCORE DES COPAINS À VOUS ! *OHÉ, LES GARS ! ON EST LÀ, LES GARS !*

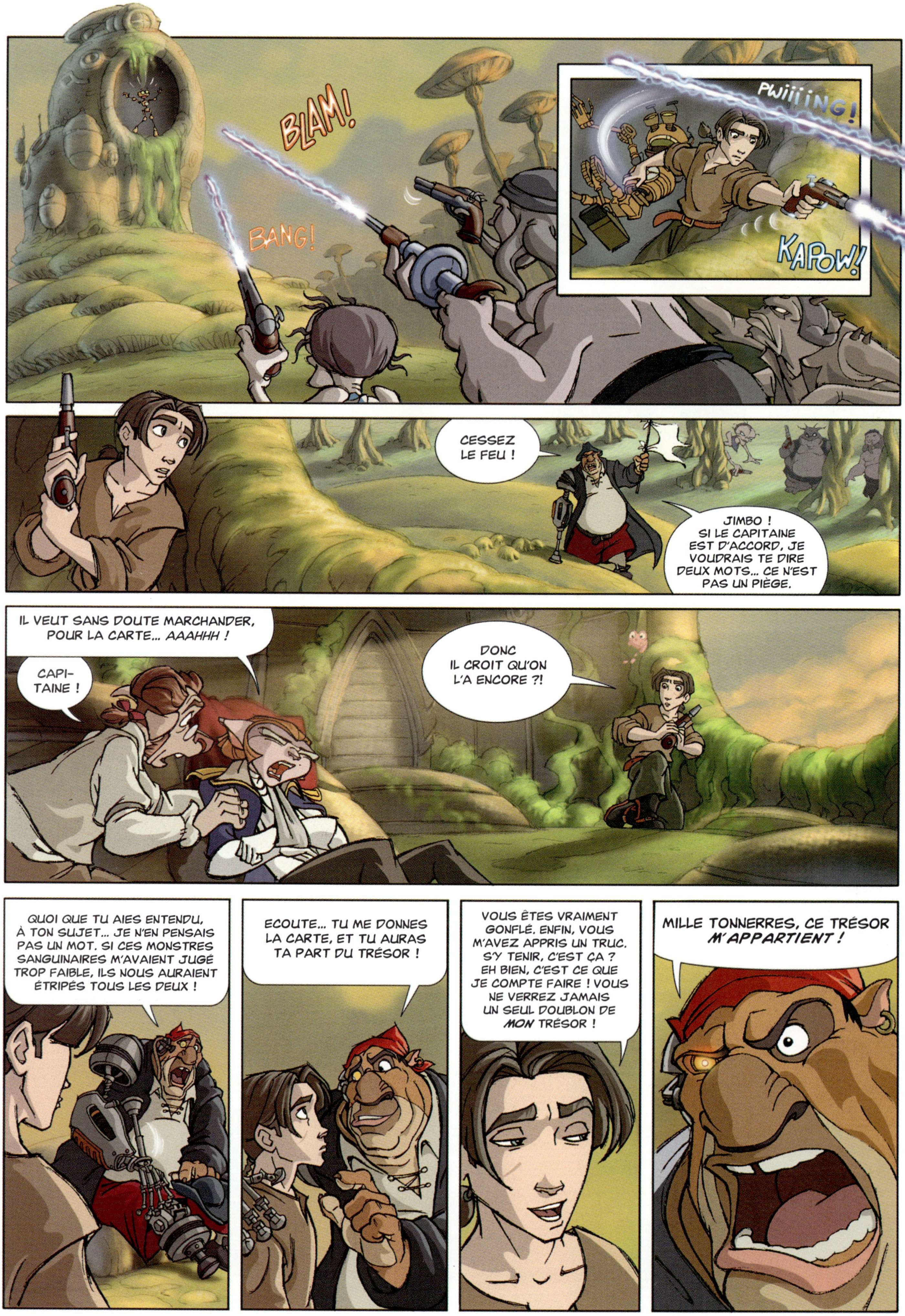

BLAM!
BANG!
PWIIIING!
KAPOW!

CESSEZ LE FEU !
JIMBO ! SI LE CAPITAINE EST D'ACCORD, JE VOUDRAIS TE DIRE DEUX MOTS... CE N'EST PAS UN PIÈGE.

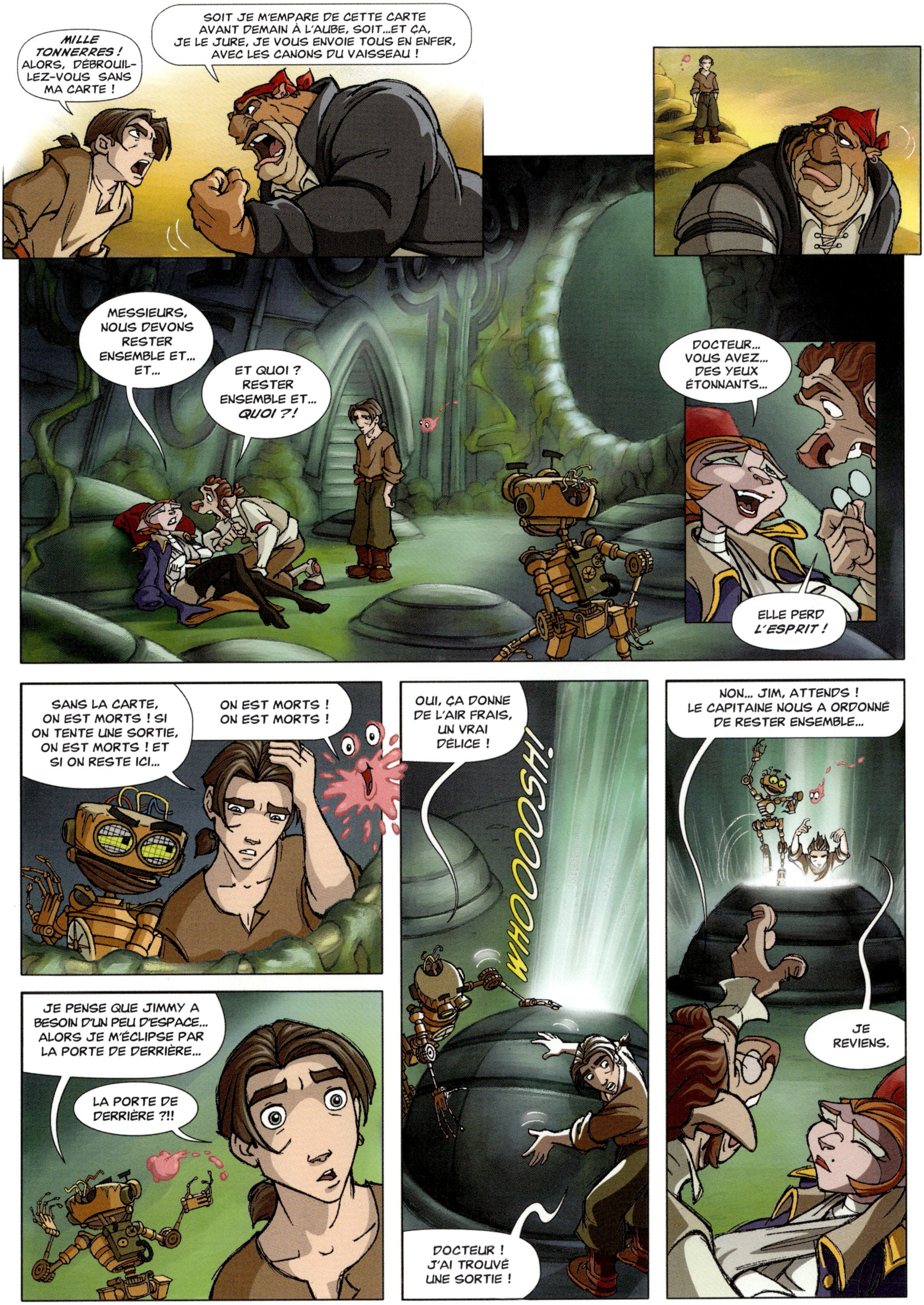

MILLE TONNERRES ! ALORS, DÉBROUILLEZ-VOUS SANS MA CARTE !

SOIT JE M'EMPARE DE CETTE CARTE AVANT DEMAIN À L'AUBE, SOIT... ET ÇA, JE LE JURE, JE VOUS ENVOIE TOUS EN ENFER, AVEC LES CANONS DU VAISSEAU !

MESSIEURS, NOUS DEVONS RESTER ENSEMBLE ET... ET...

ET QUOI ? RESTER ENSEMBLE ET... *QUOI ?!*

DOCTEUR... VOUS AVEZ... DES YEUX ÉTONNANTS...

ELLE PERD *L'ESPRIT !*

ZZZZ... RONFL...
QUEL EST TON PLAN ?
CHUT ! TAIS-TOI, B.E.N !
VOILÀ. ON SE GLISSE DISCRÈTEMENT À BORD DU *HÉRITAGE*, ON MET LES CANONS LASER HORS DE COMBAT ET ON RAPPORTE LA CARTE.
ÇA ME PLAÎT. LE SEUL TRUC, C'EST... COMMENT ON Y VA ?
AVEC ÇA !
OK... JE PRENDS LA CARTE. TU M'ATTENDS ICI.
BIEN REÇU, JIMMY ! ET MOI, JE NEUTRALISE LES CANONS LASER, CHEF !
NON, ATTENDS ! B.E.N, ARRÊTE !
DÉSACTIVER QUELQUES CANONS LASER, LA BELLE AFFAIRE ?! IL SUFFIT DE TROUVER LE BON FIL ET... OH, BON SANG... !
OUI !
AAROOOO!

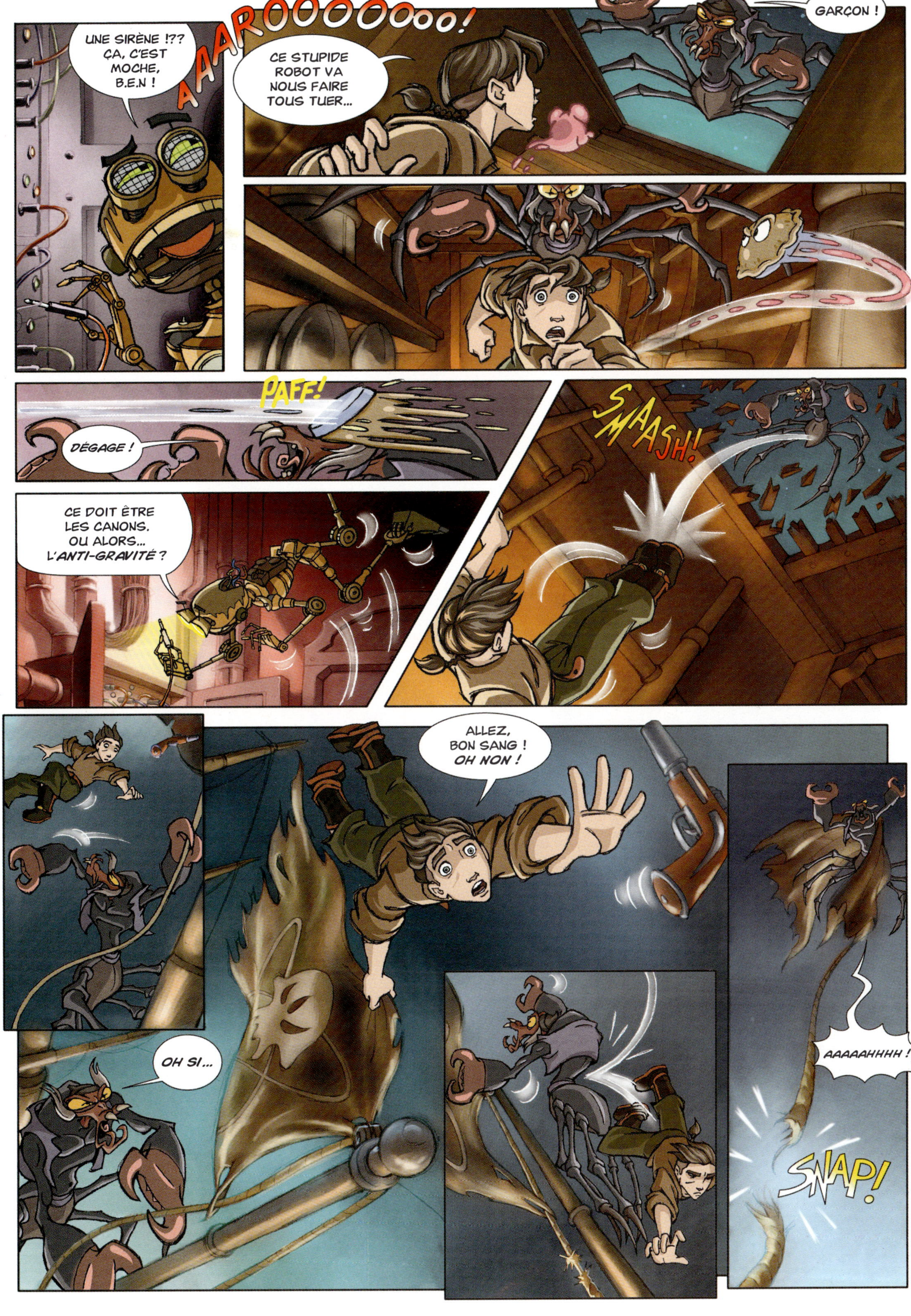

ALLEZ,
BON SANG !
OH NON !

OH SI...

AAAAAHHHH !

SNAP!

RETOURNE À TA PLACE, MAUDITE PRISE !
BASH!

LES CANONS LASER SONT DÉCONNECTÉS, JIMMY, MON CAP'TAINE ! TU VOIS, C'ÉTAIT FACILE !

PLUS TARD, CE SOIR-LÀ...
JE SUIS DE RETOUR, DOC ! AVEC LA CARTE !

DU BEAU BOULOT, JIM...

VRAIMENT, DU BEAU BOULOT !

C'EST SYMPA DE NOUS MONTRER LE CHEMIN, MON GARS !
TU ES COMME MOI, JIMBO, TU DÉTESTES PERDRE.

QUE DIABLE...

CLICK!
OUVRE-LA ! ET SANS TRAÎNER !

OH... OH ! VOUS AVEZ VU... !
ATTACHEZ-LE AVEC LES AUTRES.

SI TU VEUX
LA CARTE, IL FAUT
M'EMMENER
AUSSI !

ON
PREND TOUT
LE LOT !

JIMMY, JE VOIS
MA VIE DÉFILER DEVANT
MES YEUX... ENFIN, JE
SUPPOSE QUE C'EST ÇA.
AI-JE VRAIMENT DANSÉ
AVEC UN ANDROÏDE
NOMMÉ LUPE ?
CHUT...
CE N'EST
PAS ENCORE
FINI.

ON APPROCHE,
LES GARS ! JE SENS
UN TRÉSOR QUI
ATTEND !

HEIN !??
JE NE VOIS
RIEN ! RIEN QU'UN
GROS TAS DE *RIEN*
DU TOUT !

QU'Y A-T-IL, JIMBO ?
CE N'EST PAS LE MOMENT
DE S'AMUSER !
JE NE
SAIS PAS. JE
N'ARRIVE PAS
À L'OUVRIR !

ON N'AURAIT
JAMAIS DÛ
SE FIER À CE
GAMIN !

JE CROIS QUE
CETTE CARTE RENTRE
JUSTE DANS CETTE
ENTAILLE... *QUOI* ?
VWOOOOSH !

FLAASH!

MISÉRI-CORDE !

LE LAGON NÉBULA... ?!
MAIS... IL EST À L'AUTRE BOUT DE LA GALAXIE... !

VOILÀ DONC LE SECRET DE FLINT ! CE PORTAIL GRÂCE AUQUEL IL A SILLONNÉ L'UNIVERS, ET VOLÉ DES TRÉSORS.
MAIS OÙ A-T-IL PU LES CACHER ??!

TRÉSOR... LE TRÉSOR... EST ENTERRÉ AU... CENTROÏDE DU MÉCANISME !
ET SI LE MÉCANISME, C'ÉTAIT LA PLANÈTE, TOUTE ENTIÈRE !? ALORS, LE TRÉSOR SERAIT ENTERRÉ AU CŒUR DE CETTE PLANÈTE !

AU NOM DU CIEL... COMMENT EST-ON CENSÉ S'Y RENDRE ?
FACILE... EN OUVRANT UNE PORTE.

OÙ DIABLE SOMMES-NOUS MAINTENANT
VOUS NE COMPRENEZ PAS ? DANS LE NOYAU DE LA PLANÈTE AU TRÉSOR... LE CENTROÏDE DU MÉCANISME.

HOUR-RAAAAAH !
LE TRÉSOR DE MILLE UNIVERS...
TOUT CELA M'EST TRÈS FAMILIER... MAIS JE NE ME SOUVIENS PAS POURQUOI !
VIENS, B.E.N, IL FAUT PARTIR, MAIS PAS LES POCHES VIDES.

TOUTE UNE VIE DE RECHERCHE, MAIS ENFIN, JE TOUCHE AU BUT !
TU NE SAIS PAS À QUEL POINT C'EST FRUSTRANT, JIMMY... J'AI UN SOUVENIR SUR LE BOUT... DE LA MÉMOIRE... AAAH !!!
CAP'TAINE FLINT !? EH BEN, VOUS N'ÊTES PLUS LE MÊME SANS... VOTRE PEAU, ENFIN... VOTRE ENVELOPPE.
IL Y A AVAIT UN TRUC HORRIBLE... FLINT NE VOULAIT PAS QUE QUELQU'UN D'AUTRE LE SACHE... MAIS J'AI OUBLIÉ QUOI...
C'EST TERRIBLE DE PERDRE LA MÉMOIRE... AH, JIMMY ?
CLICK!
NE BOUGE PAS, B.E.N...
...HELLO !
BOOM!
RRRUMMBLE!
JIMMY, ÇA REVIENT ! MA MÉMOIRE REVIENT ! FLINT ME L'AVAIT ÔTÉE POUR QUE JE NE PUISSE PRÉVENIR PERSONNE DE CE...
... PIÈGE...
COURS, JIMMY ! TOUTE LA PLANÈTE VA SAUTER... PLUS HAUT QU'UN CERF-VOLANT CALYPSIEN !
TOI, RETOURNE AIDER LE CAPITAINE ET DOC ! SI JE NE SUIS PAS LÀ DANS CINQ MINUTES, PARTEZ SANS MOI !

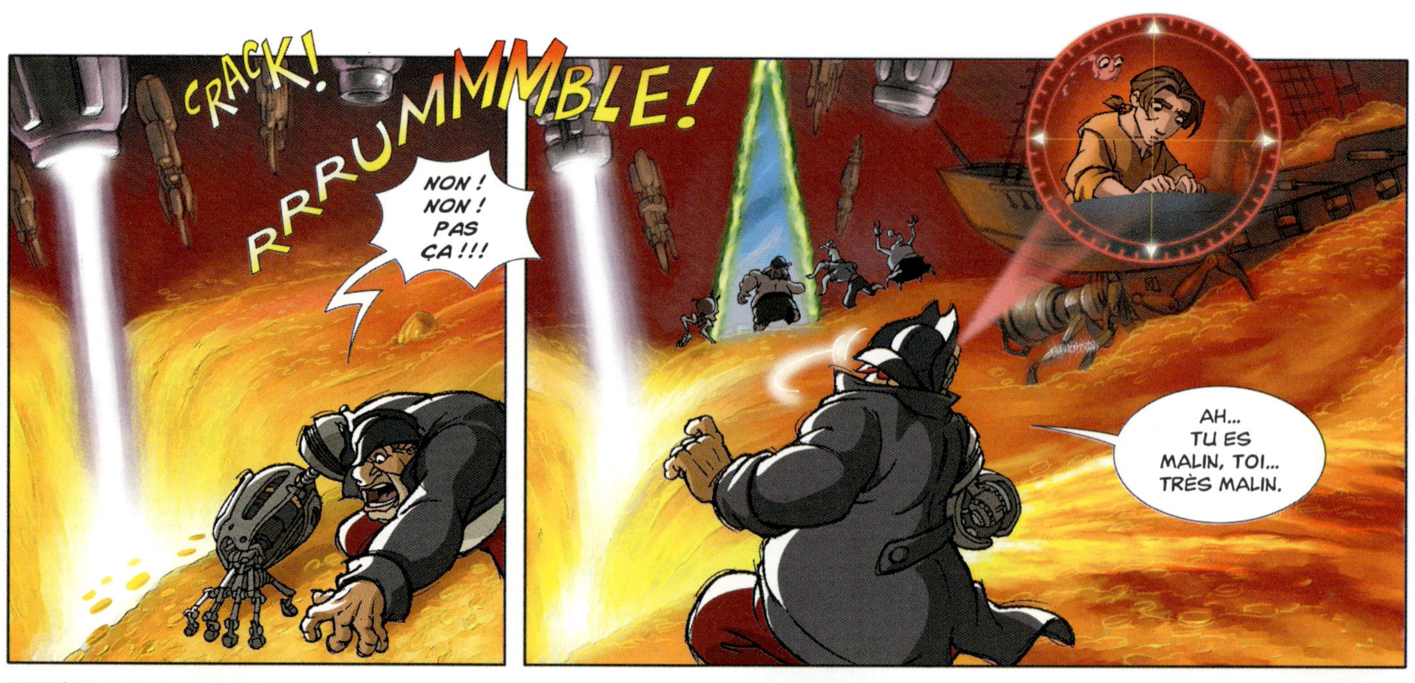
CRACK!
RRRUMMMMBLE!
NON ! NON ! PAS ÇA !!!
AH... TU ES MALIN, TOI... TRÈS MALIN.

CEPENDANT...
TOUTE MA VIE, J'AI RÊVÉ D'UNE AVENTURE COMME CELLE-CI. JE SUIS DÉSOLÉ DE N'AVOIR PAS SU... MIEUX VOUS AIDER.
NE DITES PAS DE BÊTISES. VOUS M'AVEZ BEAUCOUP AIDÉE, VRAIMENT.

JE ME SENS UN GRINGALET INUTILE... AVEC CES POIGNETS ANORMALEMENT FINS !

EXCUSE-MOI, GROSSE BRUTE. J'AI UNE QUESTION. EST-CE TON CORPS QUI EST TROP MASSIF POUR TA PETITE TÊTE... OU TA TÊTE QUI EST TROP PETITE POUR TON ÉNORME CORPS?

JE VAIS TE COGNER DESSUS !
OUI, JE M'EN DOUTE. MAIS AVANT, J'AI UNE AUTRE QUESTION...

... C'EST À TOI ?

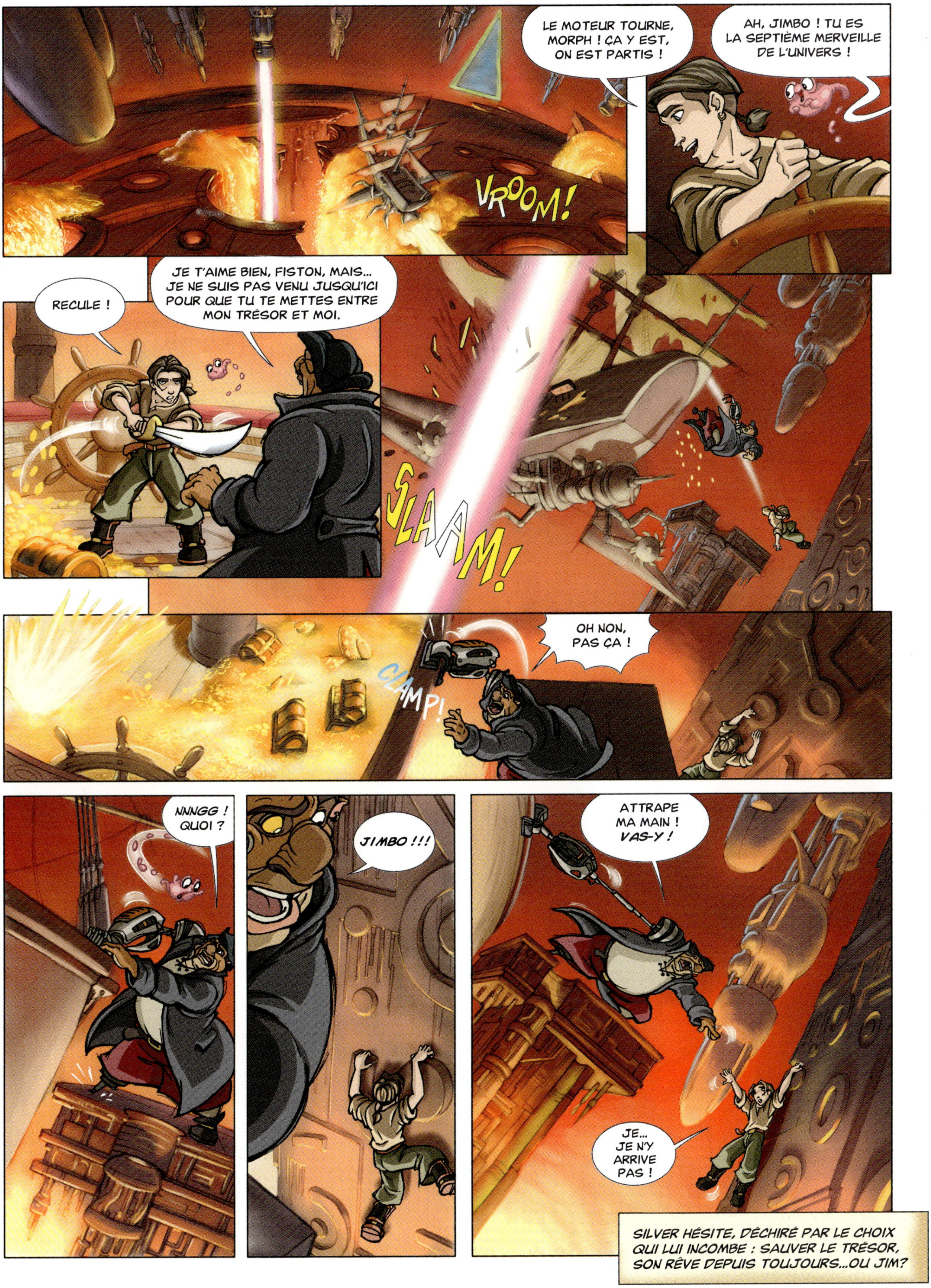

LE MOTEUR TOURNE, MORPH ! ÇA Y EST, ON EST PARTIS !

VROOM!

AH, JIMBO ! TU ES LA SEPTIÈME MERVEILLE DE L'UNIVERS !

RECULE !

JE T'AIME BIEN, FISTON, MAIS... JE NE SUIS PAS VENU JUSQU'ICI POUR QUE TU TE METTES ENTRE MON TRÉSOR ET MOI.

SLAAM!

CLAMP!

OH NON, PAS ÇA !

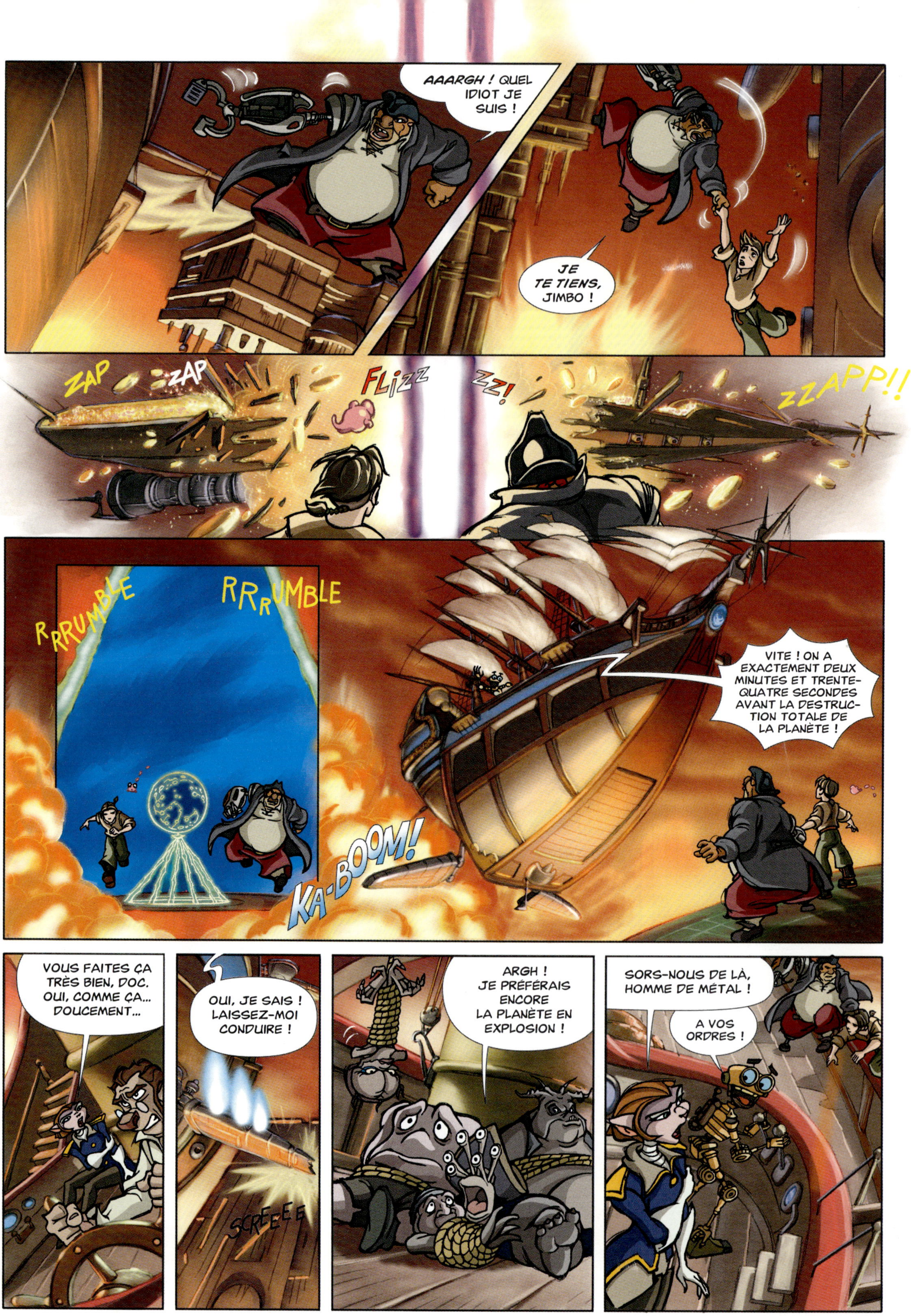

AAARGH ! QUEL IDIOT JE SUIS !
JE TE TIENS, JIMBO !
ZAP
ZAP
FLIZZZ
ZZ!
ZZAPP!!
RRRUMBLE
RRRUMBLE
KA-BOOM!
VITE ! ON A EXACTEMENT DEUX MINUTES ET TRENTE-QUATRE SECONDES AVANT LA DESTRUCTION TOTALE DE LA PLANÈTE !

VOUS AVEZ ENTENDU ? FAITES VIRER CE MAUDIT VAISSEAU !
VROOOM !

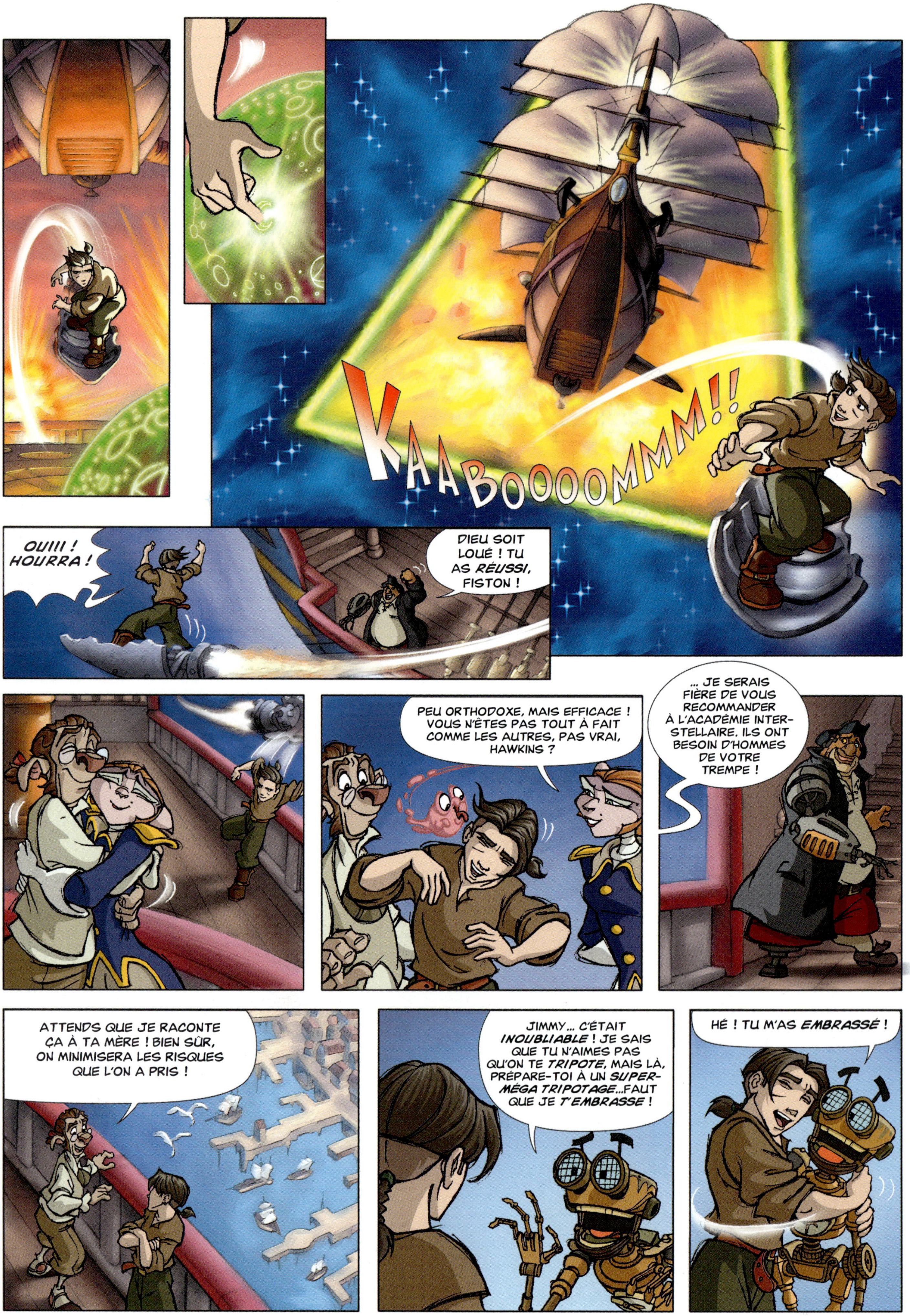

KAABOOOOMMM!!

OUIII ! HOURRA !

DIEU SOIT LOUÉ ! TU AS *RÉUSSI*, FISTON !

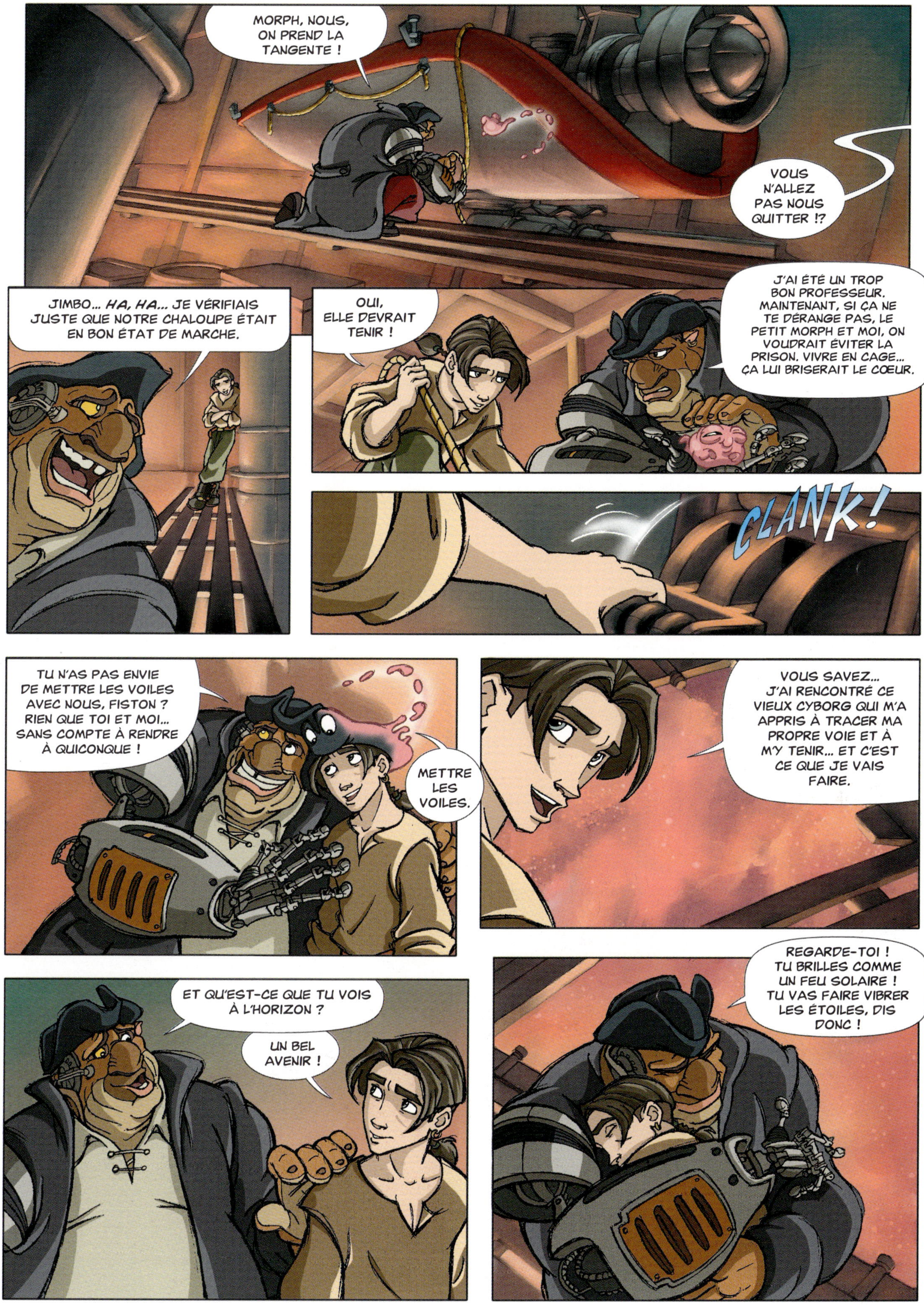

MORPH, NOUS, ON PREND LA TANGENTE !
VOUS N'ALLEZ PAS NOUS QUITTER !?
JIMBO... *HA, HA...* JE VÉRIFIAIS JUSTE QUE NOTRE CHALOUPE ÉTAIT EN BON ÉTAT DE MARCHE.
OUI, ELLE DEVRAIT TENIR !
J'AI ÉTÉ UN TROP BON PROFESSEUR. MAINTENANT, SI ÇA NE TE DÉRANGE PAS, LE PETIT MORPH ET MOI, ON VOUDRAIT ÉVITER LA PRISON. VIVRE EN CAGE... ÇA LUI BRISERAIT LE CŒUR.
CLANK !

J'AI UN PETIT BOULOT POUR TOI, MORPH. VEILLER SUR CE MÔME. TU VEUX BIEN ME RENDRE CE PETIT SERVICE ?

ÇA, C'EST POUR TA MÈRE, POUR RECONSTRUIRE SON AUBERGE !

TÂCHEZ D'ÉVITER LES ENNUIS, ESPÈCE DE VIEILLE CANAILLE !
MAIS... C'EST CE QUE J'AI TOUJOURS FAIT, JIMBO ! HA, HA, HA, HA, HA !

... ET SOUDAIN, IL N'ÉTAIT PLUS LÀ..
KAWHOOSH!
QUANT À MOI, JE RENTRAI À LA MAISON, ET J'AIDAI MAMAN À RECONSTRUIRE BENBOW ...

...JE RÉUSSIS MÊME À ENTRER À L'ACADÉMIE INTERSTELLAIRE !

... MAIS CERTAINES NUITS, IL M'ARRIVE DE CONTEMPLER LA VOÛTE ÉTHÉRÉE ET LÀ, JE REVOIS CE SACRÉ VIEUX PIRATE QUI M'AIDA À TROUVER UN TRÉSOR, UN VRAI,...
...AU FOND DE MOI.

FIN

DES AVENTURES À LIRE ET À RELIRE DANS LA MÊME COLLECTION :

LA PETITE SIRÈNE
BLANCHE-NEIGE ET LES SEPT NAINS
LA BELLE ET LA BÊTE
LE LIVRE DE LA JUNGLE
BAMBI
ALADDIN
LES ARISTOCHATS
PINOCCHIO
LE ROI LION
LES 101 DALMATIENS
LA BELLE AU BOIS DORMANT
ROX ET ROUKY
POCAHONTAS : UNE LÉGENDE INDIENNE
PETER PAN
LE BOSSU DE NOTRE-DAME
OLIVER ET COMPAGNIE
MERLIN L'ENCHANTEUR
LILO & STITCH
LA BELLE ET LE CLOCHARD
HERCULE
CENDRILLON
ALICE AU PAYS DES MERVEILLES
LES AVENTURES DE WINNIE L'OURSON
MULAN
LE ROI LION II : L'HONNEUR DE LA TRIBU
1001 PATTES : A BUG'S LIFE
DOUG LE FILM
TARZAN
TOY STORY 2
ROBIN DES BOIS
LES AVENTURES DE TIGROU
DINOSAURE
KUZCO, L'EMPEREUR MÉGALO
ATLANTIDE, L'EMPIRE PERDU
MONSTRES & CIE
PETER PAN II : RETOUR AU PAYS IMAGINAIRE